AF125924

Motyl i skafander

· · · · · · · · · · · · ·

JEAN-DOMINIQUE BAUBY

ANALIZA KSIĄŻKI

Napisany przez Audrey Millot
Przetłumaczony przez Kâmil Kowalski

Motyl i skafander

JEAN-DOMINIQUE BAUBY

JEAN-DOMINIQUE BAUBY

FRANCUSKI DZIENNIKARZ I PISARZ

- **Urodził się w Paryżu w 1952 roku.**

- **Zmarł w Berck-sur-Mer (Nord-Pas-de-Calais, Francja) w 1997 roku.**

- **Godne uwagi prace:**

  ○ *Raoul Lévy, un aventurier du cinéma* ("Raoul Lévy, poszukiwacz przygód kina", 1995), biografia

  ○ Motyl i skafander (1997), powieść autobiograficzna

Jean-Dominique Bauby pracował jako redaktor naczelny magazynu dla kobiet *ELLE* i miał zamiłowanie do dziennikarstwa i życia w ogóle. Jego świat runął 8 grudnia 1995 roku, kiedy to doznał udaru mózgu i zapadł w głęboką śpiączkę. Kiedy się z niej wybudził, cierpiał na zespół zamknięcia, co oznaczało, że choć jego zdolności umysłowe były nienaruszone, był całkowicie sparaliżowany i nie mógł się poruszać, jeść, mówić ani nawet oddychać bez pomocy. Zespół ten został opisany w *"Hrabim Monte Cristo"* (1845) przez Alexandre'a Dumasa, *père (*pisarz francuski, 1802-1870), ale dopiero w 1947 roku zdiagnozowano medycznie pierwszy przypadek tego rzadkiego zaburzenia neurologicznego. Powieść Bauby'ego *"Motyl i skafander"* pozwoliła szerokiej publiczności dowiedzieć się, jak to jest być uwięzionym we własnym ciele, ale autor zmarł zaledwie kilka dni po jej opublikowaniu w 1997 roku.

MOTYL I SKAFANDER

PRZEJMUJĄCA HISTORIA OSOBISTA

- **Gatunek:** powieść autobiograficzna

- **Wydanie referencyjne:** Bauby, J. (2008) *The Diving Bell and the Butterfly.* London: Harper Perennial.

- Pierwsze **wydanie:** 1997

- **Tematyka:** choroba, śmierć, miłość, czas, epifania, komunikacja, hospitalizacja, samotność

Po tym, jak udar mózgu uczynił go niezdolnym do sensownej komunikacji z innymi ludźmi, Jean-Dominique Bauby postanowił napisać książkę, by opowiedzieć historię swojego życia. Powstała praca jest przejmującym zapisem doświadczeń człowieka, który przez niektórych był określany jako "warzywo" (s. 90).

Z pomocą logopedy Bauby zdołał się porozumieć, mrugając lewą powieką raz na "tak" i dwa razy na "nie". W ten sposób wskazywał litery alfabetu, które były mu odczytywane przez lektora, i w ten sposób tworzył słowa i frazy, w końcu dyktował całą książkę. Powieść sprzedała się do tej pory w milionach egzemplarzy, a w 2007 roku została zaadaptowana na potrzeby kina przez Juliana Schnabela (amerykański malarz i reżyser, ur. 1951).

STRESZCZENIE

Motyl i skafander nie jest powieścią linearną. W 28 rozdziałach autor-narrator opowiada swoje życie w Szpitalu Marynarki Wojennej w Berck-sur-Mer, gdzie mieszkał po udarze, przeplatając je anegdotami z poprzedniego życia, poetyckimi lub fantazyjnymi snami i refleksjami. Tytuły rozdziałów są osobiste dla niego i odnoszą się do przedmiotów lub aspektów jego życia w szpitalu lub jego życia przed udarem.

ROZDZIAŁY O JEGO ŻYCIU CODZIENNYM

Modlitwa

W tym rozdziale Bauby otwarcie mówi o swojej chorobie, syndromie zamknięcia, a następnie opisuje dużą, różnorodną grupę ludzi, którzy zebrali się, aby modlić się o jego wyzdrowienie. Mówi też o swojej córce, Céleste, i stwierdza, że jej modlitwa jest najpiękniejsza ze wszystkich.

Czas kąpieli

Bauby wspomina swoją "cotygodniową kąpiel", która "pogrąża go jednocześnie w nieszczęściu i szczęściu" (s. 24). W pewnym sensie jest to przyjemna chwila, ponieważ pozwala mu znów poczuć swoje ciało, ale budzi też nostalgię za czasami sprzed wypadku. Czuje się rozdarty między szczęściem a upokorzeniem: cieszy się, że ktoś się nim zajmuje, bo dzięki temu czuje się mniej samotny, ale jednocześnie czuje się infantylizowany przez fakt, że nie może nic zrobić samodzielnie. W dniu, w którym po raz pierwszy wypróbowuje wózek inwalidzki, Bauby jest zmuszony zaakceptować fakt, że jest niepełnosprawny i ta świadomość mocno go dotyka.

Alfabet

Zespół Locked-in uniemożliwia wszelką komunikację werbalną i pisemną, ponieważ pacjent nie może już mówić ani używać rąk. Jest jednak w stanie mrugać, a dzięki opracowanemu przez logopedę systemowi, który pozwala mu wybierać litery alfabetu, Bauby'emu udaje się porozumieć z bliskimi. Zauważa on: "To dość prosty system. Czytasz z alfabetu (wersja ESA, nie ABC), aż mrugnięciem oka zatrzymam cię na literze, którą należy zanotować" (s. 28).

Anioł Stróż

W tym rozdziale składa się hołd cierpliwości i ciężkiej pracy Sandrine, logopedy, która odgrywa ważną rolę w jego życiu, gdy nie może już żyć samodzielnie. To ona stanowi jego jedyny kontakt ze światem zewnętrznym: "To ona stworzyła kod komunikacyjny, bez którego byłbym odcięty od świata" (s. 47).

Głos wyłączony

Choć Bauby nie może już głośno wyrażać swoich myśli, nie przeszkadza mu to w wewnętrznym osądzaniu otoczenia. Opisuje lekarza, który zaszył mu prawą powiekę, ponieważ "nie spełnia już swojej funkcji ochronnej i ryzykowałem owrzodzenie rogówki", mówiąc, że "był on wzorem lekarza, który nie może się niczym przejmować: arogancki, szorstki, sarkastyczny" (s. 61-62). Uważa, że te wybuchy humoru są niezbędne, "aby utrzymać [jego] umysł ostry, aby uniknąć osunięcia się w zrezygnowaną obojętność" (s. 63).

Mój szczęśliwy dzień

Bauby wspomina szczególnie trudny dzień, w którym doświadczył wielu upokarzających epizodów, w tym wypadku z cewnikiem moczowym. Jednak w jego opowieści zdarzenie to nabiera raczej tragikomicznego charakteru, niż jest powodem do litości. Kiedy pielęgniarka przybywa do jego pokoju, aby go umyć, włącza telewizor i reklama pyta: "Czy urodziłeś się szczęściarzem?" (p. 65). Biorąc pod uwagę, że jest jednym z najcięższych przypadków w szpitalu i codziennie doświadcza upokorzeń, Bauby czuje się daleki od szczęścia. Jest też na tyle przenikliwy, by zrozumieć, że jego stan wprawia pielęgniarki i mniej chorych pacjentów w pewien dyskomfort.

ROZDZIAŁY O JEGO MARZENIACH, WSPOMNIENIACH I REFLEKSJACH

Cesarzowa

Bauby przedstawia czytelnikowi żonę Napoleona III (1808-1873), a jego umiejętność opowiadania sprawia, że wydaje się, jakby cesarzowa Eugénie (1826-1920) naprawdę przemierzała korytarze szpitala.

Cinecittà

Szpital Marynarki Wojennej może wydawać się przygnębiający, ale pozwala wyobraźni Bauby'ego na swobodne działanie: "Przedmieścia Berck wyglądają jak makieta kolejowa. Garstka budynków u stóp wydm daje złudzenie westernowego miasteczka duchów" (s. 37). Wyobraża sobie siebie w nowej roli, jako "największego reżysera wszech czasów" (*tamże*).

Kiełbasa

Ponieważ Bauby nie może się sam karmić, nie czerpie już przyjemności z posiłków. Walczy z tym, wyobrażając sobie, że siada do jedzenia: "Dla przyjemności muszę zwrócić się do żywej pamięci smaków i zapachów, niewyczerpanego rezerwuaru wrażeń. Kiedyś byłem mistrzem w recyklingu resztek. Teraz kultywuję sztukę duszenia wspomnień" (s. 44). Wciąż ma żywe wspomnienie z dzieciństwa o kiełbasie, którą delektował się jak cukierkiem. Doświadczenie Bauby'ego można uznać za przeciwieństwo doświadczenia Marcela Prousta (pisarz francuski, 1871-1922): podczas gdy smak madeleine przenosił Prousta z powrotem do jego dzieciństwa, to wspomnienia z dzieciństwa Bauby'ego podtrzymują jego związek z jedzeniem.

Zdjęcie

Bauby czule wspomina swojego ojca, który z powodu wieku nie może go odwiedzić w szpitalu. Przesyła mu stare zdjęcie z wakacji, które inspiruje Bauby'ego do wspomnień o lecie i życiu w Paryżu.

Bauby spędził z rodzicami lato w Berck-sur-Mer, na wiele lat przed przyjęciem do szpitala. Pamięta, kiedy ostatni raz widział ojca w jego mieszkaniu w Paryżu, i opowiada o prostym geście, który wykonał tego dnia, goląc go: "Teraz to ja jestem tym, którego golą każdego ranka i często myślę o nim, gdy pielęgniarka pracowicie skrobie moje policzki tygodniową żyletką. Mam nadzieję, że byłem bardziej uważnym Figarem" (s. 53). Poprzez to porównanie rysuje paralelę między kalectwem a starością, co świadczy o tym, że jego umysł jest wciąż bystry: "Obaj jesteśmy zamkniętymi w sobie przypadkami, każdy na swój sposób: ja w swojej tuszy, mój ojciec w swoim mieszkaniu na czwartym piętrze" (s. 52-53).

Jeszcze jeden przypadek

Przed udarem Bauby planował napisać na nowo *Hrabiego Monte Cristo*. Żartobliwie pyta, czy został ukarany przez bogów za to, że chciał "majstrować przy arcydziełach" (s. 56).

Sen

Podczas snu Bauby zamienia swój udar w odcinek serialu detektywistycznego, w którym pada ofiarą dziwnej, niemal surrealistycznej intrygi: "Zamiast szklanek i butelek, rzędy plastikowych rurek zwisają z podłogi jak maski tlenowe w samolocie w niebezpieczeństwie. [...] zostałem całkowicie odurzony" (s. 59).

Nasza Własna Madonna

Bauby wspomina podróż, którą odbył pod koniec lat 70. ze swoją ówczesną dziewczyną, Josephine. Opisuje swój zły humor i egoizm: gdy byli razem na wakacjach, nie potrafił odciągnąć jej uwagi od czytanej książki *"Szlakiem węża",* co prowadziło do kłótni między nimi. Opowiada w tym rozdziale kilka anegdot, m.in. o ich wizycie w Lourdes, mieście cudów.

Przez szkło, w ciemno

To właśnie wtedy, gdy odwiedzają go dzieci, Bauby najboleśniej uświadamia sobie swoją niepełnosprawność:

> *"Jego twarz nie dalej niż dwie stopy od mojej, Theophile siedzi, cierpliwie czekając – a ja, jego ojciec, straciłem proste prawo do potargania jego szczeciniastych włosów, uczepienia się jego puchatej szyi, przytulenia jego małego, litego, ciepłego ciała ciasno do siebie. Nie ma słów, by to wyrazić. Mój stan jest potworny, nikczemny, odrażający, straszny. Nagle nie mogę znieść więcej." (p. 79)*

Paryż

Wylew zaznaczył zerwanie z dotychczasowym życiem, które zaczyna mu się wydawać tak obce, że zaczyna postrzegać własne miasto, Paryż, jako tło kinowe, które "pozostawiło mnie obojętnym" (s. 86).

Rzepa

Plotki o jego stanie rozchodzą się po Paryżu: "'Czy wiesz, że Bauby jest teraz całkowitym warzywem?' powiedział jeden" (s. 90). Zraniona duma Bauby'ego postanawia utrzymać kontakt z bliskimi, przyjaciółmi i krewnymi, aby udowodnić, że wciąż żyje i może porozumiewać się za pomocą pisma.

Bauby wyjaśnia, dlaczego zdecydował się na pisanie. Po pierwsze, jest to rodzaj zemsty: chce udowodnić, że nie został zredukowany do stanu wegetatywnego i że inni mogą "dołączyć do niego w [jego] kokonie" (*tamże*). Jednak jego główną motywacją jest chęć utrzymania kontaktu ze światem zewnętrznym: wielu jego przyjaciół zaczęło do niego pisać, a ich listy są pięknym świadectwem ich przyjaźni.

"Dzień z życia"

Bauby wspomina dzień swojego wypadku i opisuje swoje życie przed udarem: "Jak miliony Paryżan, nasze oczy puste i nasze cery matowe, Florence i ja wyruszyliśmy jak zombie w nowy dzień kary pośród nieopisanego chaosu spowodowanego strajkiem" (s. 127). Jego życie było nudne, powtarzalne i rządzone przez przyzwyczajenia. Dzień wypadku jest wciąż żywy w jego pamięci, a piosenka Beatlesów "A Day in the Life", którą usłyszał i próbował zagrać tego samego ranka, mocno wryła się w jego umysł. Po opowiedzeniu o swoim dniu w magazynie *ELLE,* Bauby przechodzi do życia rodzinnego. Tego wieczoru pojechał po swojego syna Theophile'a od matki. Gdy tylko wsiadł do samochodu, by pojechać do domu, jego wzrok zaczął się zamazywać. Po kilku zakrętach był zmuszony zjechać na pobocze. Jego szwagierka pilnie zawiozła go do szpitala, gdzie zapadł w śpiączkę.

Sezon odnowy

Bauby zdaje się lubić spokój września, który jest daleki od zgiełku powrotu do pracy po wakacjach, jakiego doświadczał co roku w Paryżu. Mimo rozpaczy, jaką odczuwa na widok przedmiotów codziennego użytku, takich jak torba Claude'a czy skrypt, i poczucia, że nie należy już do świata, kończy swoją książkę z nadzieją: "Musimy dalej szukać. Ja już pójdę" (s. 139). Ma pragnienie działania, które przejawia się w próbie zanurzenia się po uszy w wyimaginowanym świecie, aby uchronić się przed rozpaczą.

STUDIUM POSTACI

AUTOR-NARRATOR

Głównym bohaterem książki jest autor-narrator, którego osobowość ujawnia się w trakcie trwania powieści. Przed wypadkiem Bauby był bardzo aktywnym człowiekiem, który żył pełnią życia: "Mój szybki temperament, moja miłość do książek, mój nieumiarkowany smak dobrego jedzenia, mój czerwony kabriolet – nic nie zostało pominięte" (s. 94). Paradoksalnie opisuje też swoją poprzednią egzystencję w dość ponurych barwach, ponieważ był całkowicie pochłonięty codziennością, widział tylko negatywne strony rzeczy i nie znajdował czasu na delektowanie się przyjemnościami życia. W relacji z Józefiną przyznaje się również do własnego egoizmu i hipokryzji.

Wylew zmienia go: staje się bardziej dojrzały i cierpliwy, zaczyna zwracać większą uwagę na otoczenie. Teraz, kiedy jego ciało stało się więzieniem, Bauby postrzega je jako "dzwonek do nurkowania", z którego może patrzeć na świat, nie biorąc w nim udziału. Uświadamia sobie, że jego życie przed wypadkiem było w dużej mierze pozbawione sensu i bardziej docenia wartość przyjaźni, delektując się każdą cenną chwilą z przyjaciółmi i rodziną. Co więcej, listy, które otrzymuje, poruszają go i odkrywają niespodziewaną głębię niektórych z jego bliskich: "Czy byłem ślepy i głuchy, czy też potrzeba blasku klęski, by ukazać prawdziwą naturę człowieka?" (p. 91). Po wypadku porzuca maskę, którą stosował, by dopasować się do innych ludzi, i przestaje pozwalać, by przeszłość go obciążała. Jest świadomy, że jego niefortunny stan sprawia, że inni ludzie czują się niekomfortowo.

Syndrom zamknięcia zdruzgotał jego poczucie własnej wartości i czuje, że nie należy już naprawdę do rasy ludzkiej: "Od momentu rozpoczęcia tej książki zamierzałem opisać moje ostatnie chwile jako doskonale funkcjonującego Ziemianina" (s. 127). Określenie "doskonale funkcjonujący" jest kolejną oznaką utraty poczucia własnej wartości, ponieważ sugeruje, że ludzie są tylko maszynami, a teraz, gdy Bauby jest przykuty do łóżka, po prostu przestał pracować. Jest to wyraźne wskazanie na psychologiczny wpływ choroby. Kiedy dzieci przytulają go w Dniu Ojca, Bauby opisuje siebie jako "szkic, cień, maleńki fragment taty" (s. 80). Czuje się jak skorupa człowieka i ciężar dla innych.

Mimo swojej niepełnosprawności zachowuje poczucie humoru, np. gdy opisuje "kilka kropel wody o smaku cytrynowym i jedną półtorej łyżeczki jogurtu" jako "bankiet" (s. 43).

INNE POSTACIE

Rodzina Bauby'ego

Jego dzieci: Theophile, Hortense i Celeste, których nie może już trzymać w ramionach, są dla Bauby'ego bardzo ważne, choć prawie nieobecne w narracji. Wspomina również o swoim ojcu, którego sytuacja jest podobna do jego: w wieku 92 lat nie może już schodzić po schodach w swojej kamienicy. Jego bliscy pocieszają go i sprawiają, że jego sytuacja jest nieco łatwiejsza do zniesienia: w szczególności córka Celeste i ojciec są "dwoma zewnętrznymi ogniwami łańcucha miłości, który go otacza i chroni" (s. 49). Natomiast o matce swoich dzieci, czy Josephine, dawnej dziewczynie, z którą łączyły go "skomplikowane" relacje, prawie nie wspomina (s. 67).

Personel medyczny

Z dużą sympatią wypowiada się także o personelu medycznym i swoim fizjoterapeucie. Choć niektórzy z nich są nieco szorstcy i nietaktowni, mówi: "Zdałem sobie sprawę, że polubiłem tych wszystkich moich oprawców" (s. 119). Mówi też o swojej logopedce, która nauczyła go kodu, którego używa do komunikacji: nazywa ją swoim "aniołem stróżem", co wyraźnie wskazuje na jej znaczenie dla niego. Jest jedyną osobą, która może się z nim porozumieć, co czyni ją czymś w rodzaju mostu między jego umysłem a światem zewnętrznym.

Personel medyczny, choć jest w dużej mierze anonimowy, odgrywa ważną rolę: opiekuje się Baubym i robi wszystko, by za pomocą liter alfabetu rozpracować to, co próbuje powiedzieć. Sam jednak zmaga się z faktem, że jest zależny od lekarzy i pielęgniarek: w rozdziale "Czas kąpieli" z goryczą zauważa: "W moim czterdziestym piątym roku mogę uznać za zabawne, że jestem myty i odwracany, że moja pupa jest wycierana i zawijana jak u noworodka" (s. 24).

Bauby dzieli rozmawiających z nim ludzi na trzy kategorie: "nerwowych gości", którzy "nawijają alfabet bez tonu, na najwyższych obrotach" (s. 29), "[r]etycznych ludzi", którzy zamieniają alfabet w "artyleryjską zaporę" (*tamże*) i "[m]etycznych ludzi", którzy "nigdy się nie mylą" (s. 29-30). Odnosi wrażenie, że ten nowy system komunikacji jest rodzajem gry, w której otaczający go ludzie próbują swoich sił, próbując nawiązać z nim jakąś formę kontaktu.

ANALIZA

STYL I STRUKTURA POWIEŚCI

Motyl i skafander składa się z 28 krótkich rozdziałów, z których każdy opisuje wspomnienie, codzienną sytuację lub refleksję w formie swoistej retrospekcji. Bauby wykorzystuje każdy epizod do przekazania swoich emocji, które teraz ograniczają się do jego umysłu.

Ważna tematyka

Tematyka powieści obejmuje miłość, samotność, chorobę, śmierć, komunikację, psychologię (konkretnie samoocenę i cierpienie osób niepełnosprawnych) oraz hospitalizację. Jednym z najważniejszych tematów jest czas, a dokładniej jego upływ.

Autor jest unieruchomiony i uwięziony w teraźniejszości przez swoją chorobę, co sprawia, że nie pozostaje mu nic innego, jak sięgnąć do przeszłości i ponownie przeżyć swoje wcześniejsze doświadczenia. W ten sposób powstaje ciągła paralela między przeszłością i jego życiem, jakie było, a teraźniejszością i jego życiem, jakie jest teraz. Mimo, że żałuje tego, jak żył w przeszłości, jest również świadomy szczęścia, które utracił.

Zanurzenie się we wspomnieniach, do których podchodzi z humorem i pokorą, pozwala mu zatrzymać szczęście, które teraz utracił, a którego wtedy nie doceniał w pełni.

Temat choroby jest nierozerwalnie związany z odczuciami i wrażeniami Bauby'ego. Teraz, kiedy jest uwięziony we własnym ciele i nie może dzielić się wrażeniami z innymi ludźmi, wykorzystuje swoją książkę, aby długo opowiadać o swoich odczuciach, niezależnie od tego, czy są one przyjemne, czy nieprzyjemne. Strach jest wszechobecny od pierwszych stron powieści, ponieważ Bauby mówi nam, że boi się śmierci, utraty swojego miejsca w społeczeństwie, oddalenia od swoich dzieci i tego, że nie będzie mógł się już porozumieć: "Irracjonalne przerażenie ogarnęło mnie. Co by było, gdyby ten człowiek dał się ponieść i zaszył również moje lewe oko, mój jedyny łącznik ze światem zewnętrznym [...]?" (s. 61).

Wyraźnie odczuwamy też gorycz i złość autora na niesprawiedliwość jego sytuacji, którą potęguje frustracja, jaką odczuwa na co dzień. Stracił wolność i jest całkowicie zależny od innych ludzi, nie może mówić, co sprawia, że mimo usilnych starań otoczenia nie może go w pełni zrozumieć. W związku z tym w niektórych sytuacjach nie jest w stanie samodzielnie podejmować decyzji, jak na przykład wtedy, gdy "bezduszny głupiec" (s. 48) wyłącza w połowie meczu Bordeaux-Monachium, mimo że on chciał go dalej oglądać. Opisuje siebie również w sposób humorystyczny, z autoironią: na przykład mówi o sobie jako o "redaktorze naczelnym, który nie potrafi nawet wymówić nazwy własnego pisma!" (p. 48).

Styl pisania

Powieść napisana jest w czasie teraźniejszym, i choć autor od czasu do czasu używa czasu przeszłego, by zrelacjonować swoje wspomnienia, czas przyszły jest nieobecny w narracji.

W pierwszym rozdziale, "Wózek inwalidzki", Bauby opisuje swoje rosnące rozczarowanie. Początkowo jego "wędrujący umysł był zajęty tysiącem projektów" (s. 15), ale potem "w jednym błysku [zobaczył] przerażającą prawdę", że nie wyzdrowieje i będzie uwięziony do końca życia (s. 17). Szybko pojmuje powagę swojej sytuacji i opiera się chęci trzymania się fałszywej nadziei poprzez połączenie odwagi i rezygnacji. W pierwszych dwóch rozdziałach powieści wyjaśnia, dlaczego książka jest napisana w czasie teraźniejszym i przeszłym: nie pozwoli sobie na rozmowę o przyszłości, ponieważ nie sądzi, że ma przyszłość. Ponieważ powieść jest autobiograficzna, a autor i narrator to ta sama osoba, pisze w pierwszej osobie i bezpośrednio zwraca się do swoich czytelników: "Nie możecie sobie wyobrazić tej akrobatyki […]" (s. 48).

Epizody powieści są opowiadane w przypadkowej kolejności, na podstawie tego, kiedy Bauby je pamięta. Pozwala, by prowadziła go pamięć i nieustannie przełącza się między relacjami z trywialnych wydarzeń w szpitalu a epizodami z jego przeszłości sprzed wypadku.

Bauby stosuje oryginalny styl pisania i często dokonuje niezwykłych, niespodziewanych porównań: "W jednym błysku zobaczyłem przerażającą prawdę. Była ona ślepa jak wybuch atomowy i ostrzejsza niż ostrze gilotyny" (s. 17). Obraz gilotyny jest mocny i skutecznie oddaje poczucie Bauby'ego, że został skazany na brutalną karę bez możliwości odwołania.

POWIEŚĆ O UWIĘZIENIU?

Wizja świata Bauby'ego jest jednocześnie realistyczna i poetycka. Jest on odcięty od reszty świata, zamknięty w szklanej bańce swojego dzwonu, w którym jego "umysł lata jak motyl" (s. 13). Ten dzwonek jest obrazem, który wybrał, aby przekazać uczucie uwięzienia we własnym ciele. Kontrastuje z obrazem motyla, aby zilustrować, że ma siłę, aby fruwać wśród swoich wspomnień i zbierać małe chwile życia. Nie użala się nad sobą, ale potrafi śmiać się z siebie i wykorzystuje każdą okazję, by intensywnie przeanalizować doznania z dawnego życia: zapach frytek, wyimaginowane spotkanie z cesarzową Eugenią (której popiersie stoi przed szpitalem), kontemplacja tego, jak przedmieścia Berck-sur-Mer przypominają plan filmowy itd.

Tytuł *"Motyl i skafander"* wyraża poczucie Bauby'ego, że jest więźniem, uwięzionym w swoim ciele i odciętym od świata, dla którego jedynym sposobem ucieczki jest umysł. Jest on jakby w szklanym dzwonie, gdyż jego relacje ze światem i zmysłami są drastycznie różne. Nie może mówić ani rozmawiać, jego wzrok jest ograniczony, ponieważ widzi tylko przez lewe oko, a jego słuch jest bardzo uszkodzony: "Moje prawe ucho jest całkowicie zablokowane, a lewe wzmacnia i zniekształca wszystkie dźwięki znajdujące się dalej niż dziesięć stóp" (s. 103). Aby przekazać swoją frustrację, używa humorystycznych porównań: "Kiedy samolot ciągnie nad plażą reklamę lokalnego parku rozrywki, mógłbym przysiąc, że na mojej błonie bębenkowej przeszczepiono młynek do kawy" (*tamże*).

Jednak pod ciężarem tego dzwonu nurkowego odkrywa nową umiejętność: obserwację. Na przykład zdaje sobie sprawę, że ci, którzy go otaczają, uważają jego milczenie za trudne do zniesienia ("Jak bardzo chciałbym móc odpowiedzieć czymś innym niż milczeniem na te czułe wezwania.

Wiem, że dla niektórych z nich jest to nie do zniesienia", s. 49) i zyskuje wgląd w ból innych ludzi, zwłaszcza ojca ("Nie może być mu łatwo rozmawiać z synem, który, jak dobrze wie, nigdy nie odpowie", s. 53) i byłej żony ("Za ciemnymi okularami, które odbijają nieskazitelne niebo, łagodnie płacze nad naszym rozbitym życiem", s. 82).

Choć niezaprzeczalnie jest ofiarą swojego uwięzienia, wykazuje się również niezwykłą kreatywnością: "Z dala od takiego gwaru, kiedy powraca błogosławiona cisza, mogę słuchać motyli, które trzepoczą w mojej głowie" (s. 104-105). Motyle te symbolizują jego zdolność widzenia tego, co niewidzialne, i słyszenia tego, co niesłyszalne, niczym szósty zmysł, który rozwija się dopiero wtedy, gdy inne zmysły są niesprawne. Ta zdolność pozwala mu również marzyć i tworzyć zaczarowane światy. Metafora motyla przelatującego z kwiatka na kwiatek symbolizuje więc wolność jego umysłu.

NIEZWYKŁA ZDOLNOŚĆ DO TWORZENIA

Wyobraźnia, wspomnienia i odniesienia kulturowe Bauby'ego pozwalają mu tchnąć nowe życie w smutny, prozaiczny świat szpitala. Ma on niezwykłą umiejętność ucieczki w poezję lub w wyobraźnię. Najbardziej wyrazistym tego przykładem jest rozdział zatytułowany "Cesarzowa". Cesarzowa Eugenia, żona Napoleona III, była patronką Szpitala Morskiego, a w szpitalnej galerii zachowały się dwa zapisy jej wizyty. Bauby przenosi nas w przeszłość i opisuje "gaworzące stado dam w pogotowiu" i "[Eugeniusza] kapelusz z żółtymi wstążkami" (s. 32), ale szybko zostaje przywrócony do rzeczywistości, gdy zauważa "głowę mężczyzny, który wydawał się wynurzać z kadzi z formaldehydem" (*tamże*) odbitą w oknie. Kiedy uświadamia sobie, że ten oszpecony, ohydny człowiek to nikt inny jak on sam, wybucha śmiechem. Zamiast płakać nad swoim losem, postanawia "potraktować to wszystko jako żart" (s. 33).

Możemy znaleźć wiele innych przykładów tej umiejętności ucieczki i tworzenia: w pierwszym rozdziale wyobraża sobie, że pracownicy opieki to "gangsterzy filmowi, którzy walczą o zmieszczenie ciała zabitego informatora w bagażniku swojego samochodu" (s. 17), wprowadzając humor w to, co mogło być tragiczne. Podobnie ochrowy kolor ceglanych ścian o świcie przypomina mu o kolorze jego podręcznika do greki i o studiach, a to pomaga mu zapomnieć o bladoróżowym odcieniu szpitalnych korytarzy, który przypomina przyklejony tynk.

Inną ilustracją jego zdolności kreacji jest umiejętność postawienia się w sytuacji innych ludzi i wyobrażenia sobie siebie jako pilota czy biegacza. Na przykład w rozdziale zatytułowanym "Cinecitta" staje się "największym reżyserem wszech czasów" (s. 37) na szpitalnym balkonie, z którego rozciąga się widok na przedmieścia Berck-sur-Mer. Jest to niewątpliwie także sposób na zdystansowanie się od własnej tragedii, poprzez przeniesienie jej do sfery fikcji. W rozdziale "Wyłączony głos" wyobraża sobie nawet ułożenie sztuki o swoim doświadczeniu: "Sztuka śledzi przygody pana L w świecie medycyny" (s. 63). Mówiąc o sobie w trzeciej osobie i wyobrażając sobie siebie za kulisami teatru, Bauby bagatelizuje swoją sytuację i rozśmiesza czytelników.

Wreszcie wyobraża sobie także siebie jako kilka fikcyjnych postaci. Porównuje się do posągu Commendatore w ostatnim akcie *Don Giovanniego* Mozarta (kompozytor austriacki,

1756-1791), kiedy to "spędza pół godziny zawieszony" na pochyłej desce, która powoli podnosi się do pionu (s. 41), a później porównuje się do starca Noirtiera de Villeforta z *Hrabiego Monte Cristo* Dumasa.

NOWE SPOJRZENIE NA ŻYCIE

Bauby zdaje się wykorzystywać swoją historię, aby zachęcić nas do jak najlepszego wykorzystania naszego szczęścia, które nie będzie trwało wiecznie. Wypadek uświadomił mu, że wcześniej miał dobre życie, ale nigdy tak naprawdę go nie doceniał; jego niepełnosprawność dała mu bardziej filozoficzne spojrzenie na życie. Poprzez jego refleksje widzimy, że kiedy miał zdrowie, nigdy tak naprawdę nie żył pełnią życia. Opisuje swoje dawne "ja" jako zombie, uwięzionego w rutynie, którą zdawał się jedynie tolerować. Gniew i pasja, które odczuwał jako młody dziennikarz, zdawały się stopniowo rozwiewać.

Po doświadczeniu bliskiej śmierci zupełnie inaczej patrzy na swoje życie i swoich bliskich. Ma dojrzalsze, spokojniejsze, spojrzenie na życie. Uświadomił sobie wartość każdej drobnostki: "Mechanicznie wykonywałem wszystkie te proste czynności, które dziś wydają mi się cudowne: golenie, ubieranie się, łykanie gorącej czekolady" (s. 128). Jednocześnie pozostaje rozczarowany sposobem, w jaki żył przed wypadkiem. Teraz, kiedy jest świadomy wartości każdej chwili, uświadamia sobie złe wybory, których dokonał, grzęznąc w rutynie i nie chcąc docenić swojego szczęścia. Przypomina sobie ostatnią intymną chwilę spędzoną ze swoją dziewczyną, Florence: "Jak mogę opisać obudzenie się po raz ostatni, nieuważny, może trochę zrzędliwy, obok litego, ciepłego ciała wysokiej ciemnowłosej dziewczyny?" (s. 127). Myśli o tym epizodzie ponownie później, w świetle swojej nowo odkrytej świadomości i zdaje sobie sprawę, że nigdy nie patrzył poza najmniej ważne szczegóły swojej rutyny i pozwolił im zmącić jego spojrzenie na życie, zamiast skupić się na rzeczach, które naprawdę mają znaczenie. Ta nagła świadomość jest bolesna, ponieważ zdaje sobie sprawę, że pozwolił, aby wiele z jego życia przeszło obok niego. Zauważa: "Dziś wydaje mi się, że całe moje życie było niczym innym, jak tylko pasmem tych małych, bliskich pominięć [...] kobiet, których nie potrafiliśmy pokochać, szans, których nie wykorzystaliśmy, chwil szczęścia, które pozwoliliśmy, by odpłynęły" (s. 102).

Jednak to spostrzeżenie nie jest tylko gorzkie. Udar otworzył mu oczy na znaczenie drobnych zbiegów okoliczności i szczególnych momentów: "Zawsze istnieje szansa, że natkniemy się na jakiś nieznany zakątek szpitala, zobaczymy nowe twarze lub złapiemy powiew gotowania, gdy będziemy przechodzić" (s. 36). Jego książka kończy się nawet optymistycznie, ponieważ zdaje sobie sprawę, że siłę musimy znaleźć w sobie, a nie w zewnętrznych źródłach.

DALSZA REFLEKSJA

KILKA PYTAŃ DO PRZEMYŚLENIA...

- Opisz ogólny ton książki.

- Twoim zdaniem, do jakiego gatunku należy ta powieść? Czy można powiedzieć, że jest to pamiętnik lub autobiografia? Uzasadnij swoją odpowiedź.

- Motyl i skafander nie jest powieścią linearną. Wyjaśnij to stwierdzenie.

- Bauby napisał tę książkę, gdy był sparaliżowany i przykuty do szpitalnego łóżka. Czy uważasz, że sztuka (pisanie, muzyka, malarstwo itp.) może pomóc ludziom w pokonaniu trudności w ich życiu? Rozwiń swoją odpowiedź.

- Kontemplacja i czytanie to samotne zajęcia, do których ma dostęp Bauby, uwięziony w swoim dzwonie. Dlaczego potrzebuje on tych rozrywek w swoim życiu, "tak samo jak potrzebuje [on] oddychać" (s. 63)?

- Jak opisałabyś relacje Bauby'ego z dziećmi i ojcem po udarze?

- "Czy byłem ślepy i głuchy, czy też potrzeba blasku klęski, by ukazać prawdziwą naturę człowieka?" (p. 91). Co sądzisz o tej refleksji? Czy Twoim zdaniem cierpienie prowadzi do bardziej wyostrzonej świadomości ludzi, świata i życia?

- Opisz autora przed i po wypadku. Co zmienił w nim udar?

- Wyjaśnij, jak można porównać Bauby'ego do Marcela Prousta.

- Do jakiego innego dzieła porównałbyś "Skafander *i motyl*"? Wyjaśnij swój wybór.

DALSZE CZYTANIE

WYDANIE REFERENCYJNE

Bauby, J. (2008) *The Diving Bell and the Butterfly.* Londyn: Harper
  Perennial.

ADAPTACJE

Nurkujący dzwon i motyl (The Diving Bell and the Butterfly).
  (2007) [Film]. Julian Schnabel. Dir. Francja: Pathé Renn
  Productions.

Chcemy usłyszeć od Ciebie, co się dzieje!
Zostaw komentarz na temat swojej internetowej biblioteki
i podziel się swoimi ulubionymi książkami w mediach społecznościowych!

Wydawca zapewnia o wiarygodności publikowanych informacji, co jednak nie może wiązać się z jego odpowiedzialnością.

www.50minutes.com

Master ISBN: 9782808694117
Papierowy ISBN: 9782808615518
Depozyt prawny: D/2023/12603/1831

Verhaal: © Primento

Projekt cyfrowy: Primento, cyfrowy partner wydawców.